Business Stories | numéro 2

TRIPADVISOR,

« PLAN AND BOOK YOUR PERFECT TRIP »

— Quand la révolution du secteur du voyage passe par l'e-tourisme

par Charlotte Bouillot

50MINUTES

TRIPADVISOR 5

PRÉMICES 8

L'intuition

Le Web 2.0

La cartographie en ligne

Ultra-mobilité

Le tourisme communautaire

DÉVELOPPEMENT 14

Comment cela fonctionne-t-il ?

TripAdvisor et Expedia

RÉPERCUSSIONS 20

Le coût du réseau

L'exigence de la transparence

Un problème de représentativité

Abus de positions dominantes

Le retour à des circuits courts

Vers plus de régulation

EN RÉSUMÉ 29

POUR ALLER PLUS LOIN 31

TRIPADVISOR

- **Créateurs ?** Stephen Kaufer (ingénieur informaticien, Harvard College) et Langley Steinert (diplômé de la Tuck School of Business, Dartmouth College à Hanover, New Hampshire).
- **Date de création ?** Février 2000.
- **Secteur d'activité ?** Tourisme, voyage, nouvelles technologies.
- **Pays fondateur ?** États-Unis (Needham, Massachusetts).
- **Zone de commercialisation ?** Les différentes interfaces de TripAdvisor sont accessibles dans 45 pays à travers le monde, y compris en Chine sous le nom daodao.com.
- **Nombre d'utilisateurs ?** TripAdvisor a acquis 25 marques depuis sa création, qui lui permettent de mobiliser 315 millions d'utilisateurs uniques chaque mois, ce qui constitue en soi la plus grande communauté de voyageurs au monde : Airfarewatchdog, Bookingbuddy, Cruisecritic, Everytrail, Familyvacationcritic, Flipkey, Gateguru, Holidaylettings, Holidaywatchdog, Independenttraveler, Jetsetter, Kuxun, Lafourchette, Niumba, Onetime, Oyster, Seatguru, Smartertravel, Tingo, Travelpod, TripAdvisor, Tripbod, Vacationhomerentals, Viatorcom et Virtualtourist.
- **Chiffre d'affaires annuel ?** 1,2 milliard de dollars de chiffre d'affaires réalisé par la société en 2014.
- **Mots-clés ?**
  - <u>Web 2.0</u> : l'expression s'impose depuis 2007 pour désigner l'évolution du web vers plus d'interactivité, avec l'apparition des réseaux sociaux, les blogs et le *crowdsourcing* (externalisation de certaines tâches vers un grand nombre de personnes), dont l'exemple le plus parlant est la création de l'encyclopédie collaborative Wikipédia en 2001.

- Système d'information géographique (SIG) : ce système de bases de données permet de rassembler les données spatiales et géographiques. À partir de là, de nouvelles fonctionnalités ont pu être développées : affichage d'éléments sur une carte, calcul d'itinéraires, recherches à proximité, etc.
- Optimisation pour les moteurs de recherche (*Search Engine Optimization*, SEO) : action qui consiste à augmenter la visibilité et la pertinence des sites internet auprès des internautes. Il s'agit dès lors d'attirer les moteurs de recherche en mettant en place une politique performante de référencement naturel pour que les personnes en quête d'un produit ou d'un service particulier puissent le retrouver. Le travail d'optimisation se porte sur le choix des mots-clés, la structure du site, les liens avec d'autres pages, etc.
- Moteur de recherche vertical : contrairement à un moteur de recherche généraliste, comme Google, ce type de moteur de recherche se limite à une base de données ciblée sur quelques sites spécialisés dans un domaine ; par exemple, les offres d'emploi, les annonces immobilières ou encore les assurances. Un tri est ainsi déjà opéré, permettant à l'internaute de gagner du temps et de mieux cibler ses recherches.

En février 2000, à l'heure du développement du Web 2.0 et des débuts fulgurants du tourisme en ligne pour les agences de voyages, un ingénieur diplômé d'Harvard imagine une plateforme sur laquelle les consommateurs pourraient partager des avis objectifs et éclairés sur leurs expériences de voyage. 15 ans plus tard, la startup, depuis devenue multinationale, est parvenue à construire la plus importante communauté de voyageurs au monde, face à des géants comme Expedia ou Booking.

Alors que le développement de l'e-tourisme aurait pu permettre aux professionnels de retrouver le contact direct avec leurs clients grâce à la dématérialisation du service auparavant prodigué en agence, ce sont finalement de nouveaux intermédiaires qui se sont invités jusqu'à devenir indispensables : agences de voyages en ligne, moteurs de recherches, plateformes, etc. Des initiatives comme celle de TripAdvisor ont en effet imposé plus de transparence dans le secteur, et poussé les professionnels à s'améliorer en donnant la parole aux consommateurs.

Toutefois, le secteur de l'hôtellerie et les autorités européennes dénoncent depuis plusieurs années le manque de fiabilité et de représentativité des notations ainsi que des pratiques jugées non respectueuses de la concurrence dont fait usage le groupe du célèbre hibou. Le marché qui est aujourd'hui mature semble tenu par des géants du tourisme en ligne, usant et abusant de leur position dominante, incitant les professionnels à s'organiser pour retrouver un lien direct avec leurs clients.

QUEL MESSAGE VÉHICULE LE HIBOU DE TRIPADVISOR ?

Son logo en tête de hibou aux yeux immenses, capables de déceler les points positifs (l'œil vert) et les points négatifs (l'œil rouge) des établissements visités, surveille ainsi les hôteliers et restaurateurs dans le monde entier !

Mais, dans le secteur économique très performant, fortement concurrentiel, et en constante mutation de l'e-tourisme, la plate-forme communautaire de TripAdvisor peut-elle rester durablement indispensable et bénéfique pour des millions d'utilisateurs et de professionnels ?

PRÉMICES

L'INTUITION

En 1985, à la fin de ses études, Stephen Kaufer cofonde la startup CenterLine Software, qui fournit des outils de développement de logiciels. Plus de dix ans plus tard, en 1998, lui et les autres fondateurs revendent la moitié des actifs de la société. L'autre moitié devient Centerline Development Systems, une société alors gérée par sa femme Caroline.

La même année, les époux Kaufer se mettent en quête d'un bel hôtel à Mexico, sans parvenir à obtenir de renseignements fiables et désintéressés de la part des professionnels du tourisme. Ils imaginent alors un site internet qui rassemblerait les avis des consommateurs pour aider les voyageurs qui, comme eux, désirent organiser efficacement leurs séjours à l'avance. S'associant à l'homme d'affaires américain Langley Steinert, les époux Kaufer fondent TripAdvisor deux ans plus tard dans le grenier d'une pizzeria, à partir de matériel informatique qui leur a été prêté.

Détenteur de plusieurs brevets informatiques, Kaufer est sacré « entrepreneur de l'année » en 2005 par le cabinet d'audit financier Ernst & Young et est aujourd'hui considéré comme un expert dans les secteurs du tourisme et des nouvelles technologies. Langley Steinert a depuis 2005 quitté l'aventure pour lancer CarGurus, un site qui rassemble des offres de vente de voitures neuves et d'occasion ainsi que des avis de consommateurs sur différents modèles automobiles, et qui permet aux utilisateurs de vendre leur propre véhicule.

LE WEB 2.0

Les époux Kaufer incarnent la mutation qu'opère le Web au début des années 2000 : l'internaute ne veut plus seulement être observateur ou consommateur d'informations, il veut participer.

À cette époque prolifèrent les forums où l'on discute, échange et conseille sur tous les sujets, alors qu'émerge Wikipédia, l'encyclopédie collaborative en ligne, exemple de *crowdsourcing* à l'échelle mondiale. Si cette somme de connaissances populaires est au départ plutôt dénigrée, par comparaison avec des supports plus fiables et institutionnels, elle est aujourd'hui devenue une porte d'accès incontournable à l'information, à la fois multilingue, diversifiée et sans cesse actualisée au niveau des sources. Dans le même ordre d'idées, dès 2003, musique, photos et vidéos commencent à être partagées sur des interfaces telles que Myspace, le réseau social américain pour qui il n'aura pas fallu deux ans, avant de devenir le quatrième site le plus consulté au monde, après Yahoo, AOL, et MSN.

LA CARTOGRAPHIE EN LIGNE

Le développement puis l'industrialisation, dans les années quatre-vingt-dix au Canada et aux États-Unis, des systèmes d'informations géographiques (SIG) a fait glisser les usages : désormais, tout utilisateur d'Internet peut avoir accès à ce genre de renseignements.

Alors que pour préparer un voyage 20 ans plus tôt, il fallait se procurer les dernières cartes imprimées mises à jour, et les compléter par quelques guides culturels et hôteliers spécialisés, il est aujourd'hui possible de se promener dans le monde entier via Google Maps, d'y rechercher les hébergements les mieux classés ou les plus recommandés, de calculer son itinéraire, et même de visiter certains monuments virtuellement avant de se décider. C'est grâce à l'élaboration de logiciels de saisie, gestion, analyse et mise en forme des données rendant l'utilisation des cartographies en ligne et GPS universelle.

ULTRA-MOBILITÉ

Selon les statistiques publiées par l'ITU (International Telecommunication Union), entre 2005 et 2013, le nombre moyen d'abonnements de téléphonie mobile est passé de 34 à 93 pour 100 habitants dans le monde. Grâce à la géolocalisation et à la mise à jour instantanée des données en ligne, il est désormais possible de guider l'utilisateur dans tous ses déplacements, y compris dans son propre quartier. Le touriste étranger comme l'autochtone sont susceptibles d'utiliser les mêmes services pour localiser rapidement un restaurant ouvert et plébiscité, dans une zone géographique donnée. L'enjeu est immense pour les professionnels du tourisme en ligne : il ne s'agit plus seulement d'aider à la préparation du séjour, mais de se placer au cœur même du voyage avec un service personnalisé en temps réel.

LE TOURISME COMMUNAUTAIRE

Les arrivées de touristes internationaux dans le monde ont atteint en 2000 le chiffre record de 697 millions, soit 22 touristes entrants par seconde. Cette donnée publiée par l'Organisation mondiale du tourisme (OMT) tient compte des personnes voyageant dans un autre pays que celui où elles résident, pour une période de moins d'un an, et dans un autre but que celui d'exercer une activité professionnelle. Le secteur du tourisme a ainsi généré 476 milliards d'euros dans le monde en 2000, soit une augmentation de 4,5 % par rapport à 1999.

Ces chiffres ont aujourd'hui plus que doublé, témoignant d'une demande constante de nouveaux horizons et de nouvelles expériences à vivre aux quatre coins du globe. Pour permettre à chacun de voyager selon son budget, et de s'y retrouver dans la myriade d'offres touristiques, le développement des plateformes communautaires s'accentue. L'offre autrefois valorisée et prisée des guides de voyage traditionnels peine à suivre les évolutions que connaît ce secteur, d'une part parce de nouveaux supports de lecture et d'accès à l'information émergent, d'autre part parce que les exigences des voyageurs, comme l'instantanéité de l'information par exemple, sont de plus en plus élevées.

La dynamique communautaire repose avant tout sur la recherche de personnes ayant la même expérience, et avec qui on peut partager ce vécu. C'est un fonctionnement fondé sur l'échange, l'honnêteté et l'authenticité des liens créés. Dans le même ordre d'idées, le phénomène des *Greeters* (en français « hôtes »), inventé à New York dans les années quatre-vingt-dix pour redorer l'image de certains quartiers, est une forme de tourisme participatif en plein essor : plutôt que de visiter une ville au sein d'un groupe organisé, ou seul avec son plan, c'est un bénévole local passionné qui vous emmène découvrir sa ville de l'intérieur, en dehors des circuits balisés.

Autre exemple significatif : le succès du *couchsurfing*, ou le « voyage de canapés en canapés chez l'habitant ». L'association à but non lucratif du même nom fondée en 2004, notamment par l'informaticien américain Casey Fenton, a pour projet de développer l'entraide, la rencontre et les échanges interculturels entre les voyageurs du monde entier. Devenu une société par actions en mai 2011, le réseau compte aujourd'hui 10 millions de « *couchsurfers* » dans plus de 200 000 villes dans le monde.

En marge des initiatives gratuites, de nouveaux réseaux permettent également aux particuliers de monnayer leurs services pour voyager à l'écart des circuits professionnels. La plateforme communautaire de location de logements entre particuliers Airbnb en est le fer de lance. Lancé en 2008, le concept permet aux propriétaires de louer l'ensemble ou une partie de leur logement à des touristes souhaitant s'immerger dans la vie locale ; ce type de formule affiche des prix beaucoup plus attractifs que ceux des hôtels. En quatre ans d'activité, 10 millions de nuitées ont été réservées sur le site, devenu un vrai phénomène de société.

Le tourisme communautaire

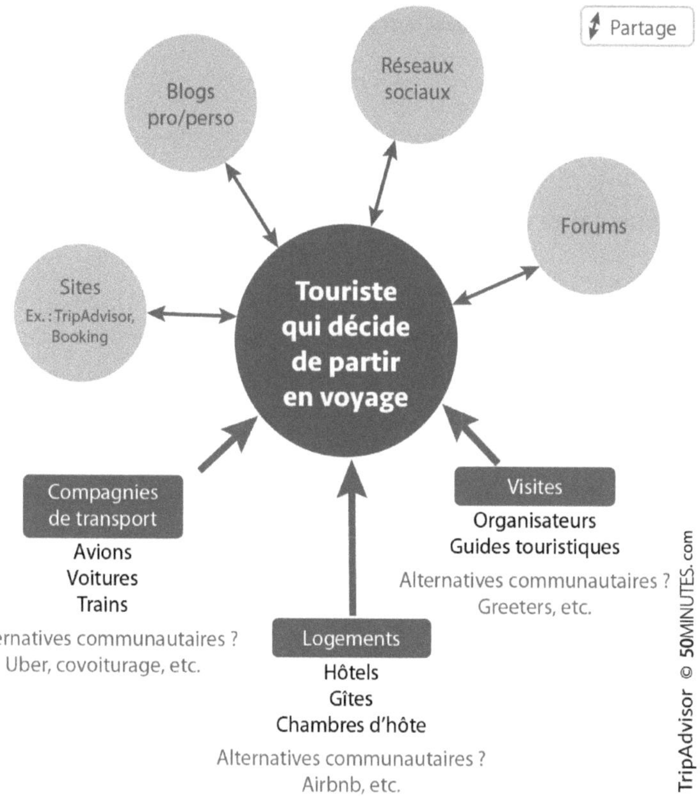

COMMENT CELA FONCTIONNE-T-IL ?

La plus large communauté de voyageurs au monde

Avec 315 millions de visiteurs uniques par mois, 200 millions d'avis sur plus de 4,4 millions de prestataires dans le secteur touristique, TripAdvisor rassemble la plus grosse communauté de voyageurs au monde.

En 2000, Stephen Kaufer fait figure de pionnier, surfant sur la vague du Web 2.0, lorsqu'il crée une plateforme basée sur le *crowdsourcing* : les utilisateurs sont ici les seuls créateurs du contenu proposé par le site. Ce modèle permet en théorie de garantir aux personnes qui préparent leur futur voyage l'authenticité et la sincérité des avis postés *online*, puisque les commentaires qui s'y trouvent sont écrits par d'autres clients qui, comme eux – et avant eux –, ont préparé leur périple et, plus important encore, ont vécu l'expérience touristique que l'utilisateur s'apprête à vivre.

L'utilisateur, devenu prescripteur actif, engage son image et la fiabilité de son profil au sein de la communauté de voyageurs qui lui font confiance. Bien plus, TripAdvisor est connecté à Facebook depuis 2010, via la fonctionnalité « *Instant personalization* » qui permet aux utilisateurs de la plateforme d'y retrouver leurs amis et de suivre leurs conseils et avis. Le système repose enfin sur le postulat que les auteurs des avis sur le site sont consommateurs des avis des autres. Ils ont donc à cœur que les évaluations soient les plus honnêtes et précises possible, pour assurer la qualité de la plateforme qu'eux-mêmes utilisent.

Le crowdsourcing

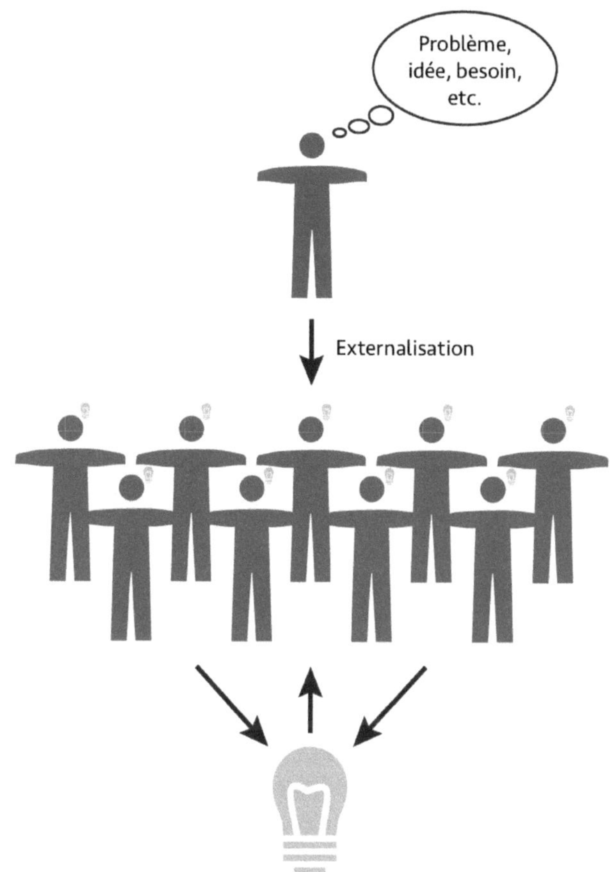

LE SAVIEZ-VOUS ?

Brad Reynolds, un professeur expatrié américain de 38 ans, est le contributeur le plus actif de TripAdvisor : entre 2010 et 2015, Brad a posté 66 000 avis et 40 000 photos de près de 400 villes dans une cinquantaine de pays, soit une moyenne de deux avis par jour ! Ses commentaires ont été lus par des millions de personnes dans le monde.

Un business model innovant et ultra-performant

L'idée de départ de l'informaticien était de mettre à profit ses compétences en ingénierie informatique pour développer un outil de recherche vertical dédié au voyage, à destination des professionnels du tourisme. Le site tripadvisor.com n'était alors qu'une vitrine permettant de montrer aux prospects ce dont l'outil était capable. Après un an et demi, le projet ne connaît pas le succès escompté, alors que les tragiques événements du 11 septembre 2001 portent un coup majeur à l'industrie touristique. Si les États-Unis sont inévitablement les premiers touchés avec une baisse de 12,6 % d'arrivées de touristes étrangers, les pays musulmans connaissent aussi une très nette baisse de fréquentation durant le dernier trimestre de 2001 (- 900 000 entrées de touristes étrangers pour l'Égypte), et l'impact de la perte de confiance et du sentiment d'insécurité des voyageurs est planétaire (GAS (Valérie), « La reprise est en vue »).

Kaufer ne se décourage pas pour autant, car il réalise qu'à cette époque son site démo génère un trafic conséquent, principalement lié aux commentaires/évaluations des internautes, soit un contenu créé bénévolement par des personnes externes à l'entreprise. Il décide de pousser l'expérience en ligne avec un modèle de financement par la publicité, l'accès à la plateforme étant entièrement gratuit pour les utilisateurs.

Le tourisme est l'une des premières industries à se développer sur le Web de manière dématérialisée. Avec un panier moyen élevé par utilisateur – 1 600 € en 2013 en France pour un séjour, 650 € pour un vol et 150 € pour l'hébergement (JALADIS (Stéphane), « Le e-tourisme génère 4 % de ventes en plus au premier trimestre 2013 ») –, le voyage en ligne ou e-tourisme est un secteur d'activité lucratif, très compétitif et en croissance constante. L'enjeu pour les professionnels est donc d'attirer les clients. Avec ses 315 millions de visiteurs uniques par mois, TripAdvisor bénéficie d'un trafic record, dans un secteur d'activité où celui-ci est fortement valorisable.

Sur les 1,2 milliard de dollars de chiffre d'affaires réalisés par la société en 2014 :

- 70 % sont des revenus au clic. Chaque fois qu'un internaute clique sur le lien du site internet d'un hôtel pour effectuer une réservation, TripAdvisor prend une commission ;
- 11 % sont des revenus issus de la vente d'espaces publicitaires sur le site (*display*) ;
- 19 % sont des revenus issus des abonnements. Lancé en 2008, ce service permet aux professionnels d'afficher leurs coordonnées directes sur le site, de publier des offres spéciales ou annonces pour se démarquer de la concurrence, d'avoir accès aux statistiques de visites de leurs pages sur le site, et de diffuser un diaporama photo de leurs établissements.

TRIPADVISOR ET EXPEDIA

Un partenariat gagnant

En 2004, alors que le capital de TripAdvisor s'élève à 4 millions de dollars, le site est racheté par Expedia pour 210 millions de dollars. Le groupe fondé en 1996 par Microsoft était en effet devenu en quelques années le n° 1 mondial de la vente de voyages en ligne, exploitant une centaine de marques de points de vente dans plus de 60 pays. Pour la plateforme au hibou, il s'agit d'une véritable aubaine puisqu'elle peut mettre en avant les publicités en faveur d'Expedia et récupérer les revenus au clic générés par ces dernières. Ainsi TripAdvisor réalise chaque année entre 30 et 50 % de son chiffre d'affaires grâce à Expedia entre 2006 et 2010.

Concurrence déloyale et manque de transparence

En 2011, le syndicat hôtelier français Synhorcat entame une action en justice contre trois sites du groupe Expedia (expedia.com, tripadvisor.com et hotels.com) pour concurrence déloyale. Fausses promotions après gonflement artificiel des prix, remplacement des coordonnées de contact de certains établissements par celui de la centrale de réservation du site, affichage indiquant que tel ou tel gîte est complet pour pouvoir rediriger les internautes vers des hôtels partenaires, etc. : autant de motifs confirmés par l'enquête menée par la Direction générale de la concurrence, de la consommation et de la répression des fraudes (DGCCRF), qui s'était pour la première fois associée spontanément à une procédure civile. Les sites et leur maison-mère ont été condamnés en octobre 2011 par le tribunal de commerce de Paris à verser plus de 400 000 euros d'indemnités aux différentes parties, en plus de devoir rapidement opérer une mise en conformité.

Si Expedia revendique son ouverture au dialogue avec l'ensemble des intervenants, le président de Synhorcat David Chenet indique qu'ils sont « allés en justice parce qu['ils] n'[ont] pas pu discuter avec eux » (« Les pratiques d'Expedia condamnées par la justice », in *L'Express.fr*) et que de nombreuses questions restaient encore en suspens à l'issue de ce procès : clauses injustes dans les contrats, absence de vérification des avis laissés sur les sites, manque de transparence dans les pratiques entre les différentes sociétés au sein d'un même groupe, etc. Les professionnels de l'hôtellerie ne se sentent pas entendus par les plateformes en ligne qu'ils perçoivent d'ailleurs comme de véritables goulets d'étranglement. Or il est pourtant évident que sans les hôtels, restaurants et autres professionnels du tourisme, les agences en ligne et plateformes communautaires n'auraient aucune raison d'exister.

Fin 2011, Expedia décide de rendre son indépendance à TripAdvisor, qui est alors introduite sur le marché d'actions new-yorkais NASDAQ. Cette opération a valorisé l'entreprise à environ 4,8 milliards de dollars en quelques mois. La séparation n'a pourtant pas permis de clarifier les pratiques de la plateforme et des agences touristiques en ligne : dès 2013, Expedia, Booking et TripAdvisor sont à nouveau dans le collimateur des gouvernements français et italien et des syndicats pour clauses illicites imposées aux hôteliers, comme l'interdiction de proposer des tarifs plus attractifs que ceux des centrales de réservation en ligne, et pour l'absence de vérification des commentaires postés sur leurs sites. On raconte par exemple que certaines évaluations concernant un hôtel fermé sept ans auparavant auraient été validées et publiées sur TripAdvisor jusqu'en 2014 ! En décembre de la même année, la plateforme écope d'une amende administrative de 500 000 euros, et est contrainte de proposer, endéans les trois mois, des mesures concrètes pour éradiquer ce problème de manque de fiabilité.

RÉPERCUSSIONS

LE COÛT DU RÉSEAU

Le business model de TripAdvisor est celui du réseau : plus la communauté grossit, plus elle est attractive pour les visiteurs et les annonceurs. En 2015, le site enregistre ainsi un bénéfice net par contribution de 8,78 €. Pour parvenir à maintenir la dynamique de ce cercle fructueux, la plateforme élargit son champ d'action dans la réservation en ligne de toutes les activités touristiques et dans leur diffusion mondiale et mobile (50 % de son trafic en 2014). Un partenariat avec Accor a par exemple été annoncé en février 2015 : il devrait permettre aux utilisateurs de réserver une des 470 000 chambres de l'opérateur directement via l'interface de TripAdvisor, et ce même sur leur mobile (communiqué de presse du 11 février 2015).

Suivant cette logique, Stephen Kaufer explique que « [c]e qui [les] intéresse, ce sont les services à destination, [et non plus seulement la planification du voyage et du logement] : restaurants, divertissements, spectacles... » (PALIERSE (Christophe), « L'Américain Tripadvisor élargit son horizon dans la réservation en ligne »). En témoignent les acquisitions récentes :

- la société américaine Viator qui propose plus de 20 000 tours et attractions dans le monde ;
- l'application TinyPost permettant de prendre des photos, d'y ajouter des légendes, puis de les partager sur des réseaux sociaux tels que Facebook, Twitter ou Tumblr ;
- le site espagnol de location de vacances par des particuliers niumba.com ;

- dernièrement lafourchette.com, spécialiste français de la réservation de restaurants en ligne, déjà présent en Suisse, Belgique, Espagne, Italie, Suède et Turquie, et qui sera déployé via TripAdvisor sur une dizaine d'autres pays d'ici à la fin de l'année.

Depuis la scission avec Expedia, le site a cependant perdu une partie de ses revenus au clic. Sa stratégie de développement a également entraîné une hausse de 37 % de ses coûts marketing, notamment au niveau du référencement payant, et de 31 % de ses coûts de développement technologique, faisant fortement baisser sa marge nette qui ne représente plus que 38 % de son chiffre d'affaires en 2014 (au lieu de 48 % en 2012).

Allocation des ressources

	2011	2012	2013	2014
Marketing et vente (SEM, publicité, relations publiques)	209 $	266 $	368 $	502 $
Technologie et contenus (design, développement, test, maintenance, licences, hardware)	57 $	87 $	131 $	171 $
Administration (services supports)	45 $	76 $	98 $	128 $

Allocation des ressources (en millions de dollars)

L'EXIGENCE DE LA TRANSPARENCE

« Nous avons imposé une nouvelle transparence à l'industrie du tourisme en permettant aux voyageurs de voir exactement ce qu'ils vont avoir, avant même d'y être allés ! » (Propos tenus par Stephen Kaufer rapportés par Guillo Lomig pour le *Capita.fr* en avril 2014)

Si, a priori, les moteurs de recherche et sites d'avis peuvent être considérés comme de simples canaux permettant aux fournisseurs et consommateurs de communiquer plus aisément sur leurs offres et besoins, ils sont en réalité devenus des intermédiaires incontournables dans le secteur du tourisme en ligne. Et il s'agit là du principal reproche que formulent les professionnels du secteur hôtelier : en favorisant la libre circulation d'avis et d'évaluations virtuels sur la Toile, les géants du tourisme *online* influencent finalement l'économie réelle du secteur et ont un impact direct sur les emplois locaux, sur les investissements financiers des sociétés, et par conséquent sur leur avenir. Et pour cause, Rodolphe Roux, ancien directeur marketing de Pierre et Vacances, confirmait encore à l'occasion du salon Voyage en multimédia de Saint-Raphaël de 2015 : « Un avis négatif sur TripAdvisor, c'est 10 000 euros de perte de chiffre d'affaires chez Pierre & Vacances » ! (KHLAT (Mathilde), « E-reputation : "Un avis négatif, c'est 10 000 euros de perte de chiffres d'affaires" »)

À l'inverse, un point de gagné dans sa notation sur la plateforme représenterait une augmentation de 11,2 % pour l'établissement concerné. Or les notes attribuées par TripAdvisor aux professionnels sont le fruit d'un algorithme secret et illisible, qui réinterprète les avis des clients en fonction de trois variables :

- le nombre de commentaires reçus ;
- le ratio entre les commentaires positifs et les commentaires négatifs ;
- la date de leur publication.

Impossible donc de vérifier la logique appliquée derrière les classements du type « Les 10 hôtels les plus horribles de France », établis par la plateforme et relayés par la presse sans vérification. Difficile également de se fier aux « Certificats d'Excellence » qui en découlent et qui sont décernés par TripAdvisor selon cette même notation. Si la question de la partialité des avis publiés sur les établissements était déjà centrale bien avant l'apparition de ces plateformes, et notamment dans les guides touristiques papier, ces avis représentent aujourd'hui non plus seulement le fruit de la seule expérience de l'auteur, mais sont émis par la communauté et rencontrent une audience incomparable à celle des guides papier.

UN PROBLÈME DE REPRÉSENTATIVITÉ

L'autre écueil révélé par de récentes recherches est la représentativité limitée de ces évaluations. Selon l'étude *Coach Omnium* parue en avril 2013, la première du genre à s'intéresser aux comportements des touristes sur les plateformes en ligne, ceux-ci ne sont que 31 % à exprimer leur opinion, parmi lesquels 61 % préfèrent le faire sur place de vive voix au personnel ou via un questionnaire, tandis que seuls 12 % le font sur Internet.

L'étude *Revinate 2014* va même plus loin : si TripAdvisor se targue d'être la plus grande communauté de voyageurs au monde, le site booking.com recueille en réalité 37 % des avis au niveau mondial (contre 25 % pour TripAdvisor) et 62 % des avis en Europe (contre 22,5 % pour TripAdvisor) ! Un simple calcul laisse donc entrevoir que sur 100 voyageurs européens, 31 seulement s'expriment sur la qualité de leur séjour : alors que quatre d'entre eux maximum postent leur commentaire sur Internet, un seul finalement le fera sur TripAdvisor...

ABUS DE POSITIONS DOMINANTES

Au jeu des rachats, acquisitions et associations, seuls quelques mastodontes de l'e-tourisme ont aujourd'hui toutes les cartes en main et imposent leurs règles.

Distributeurs

Côté distributeurs, le hollandais Booking est le principal concurrent de TripAdvisor, et les deux sites ont bien compris comment se rendre indispensables à la fois auprès des hôteliers et des touristes. En proposant plus de 600 000 solutions d'hébergement dans 211 pays, le répertoire de Booking permet à ses internautes d'organiser leur voyage en un temps record avec un simple Smartphone. Ce ne sont pas moins de 850 000 nuitées qui sont réservées, confirmées auprès des intéressés (voyageurs et prestataires du secteur) et payées chaque jour sur le site.

Le distributeur, détenu par le groupe américain Priceline, bénéficie ainsi d'un accès direct aux coordonnées des clients. Cette mainmise sur les fichiers clients des établissements permet au site de publier 100 000 évaluations par jour en 2014, chacune faisant suite à une réservation confirmée par la facturation d'une commission. Aussi la fiabilité et la transparence des avis sont-elles davantage garanties que sur TripAdvisor.

C'est aussi et surtout un moyen de pression important sur les professionnels pour les inciter à faire baisser les prix des chambres qu'ils proposent sur le site. Les plaintes en ce sens s'accumulent depuis deux ans auprès des autorités européennes de la concurrence, le groupe Accor ayant déposé la dernière en date (VISSEYRIAS (Mathilde), « Accor porte plainte contre Booking »). L'occasion pour le site d'investir dans les outils marketing à destination des professionnels avec son projet Booking Suite, lui garantissant un contrôle encore plus poussé des répertoires clients.

Moteurs de recherche

Du côté des moteurs de recherche, si Google est entré dans la partie en 2012 avec le lancement de Google Hotel Finder, il n'est pas encore devenu le comparateur hôtelier mondial annoncé. Au fil du temps, les affichages des établissements ont légèrement changé dans les listes de résultats, l'outil est devenu accessible en tant que tel, et un carrousel de photographies serait en cours de préparation, mais le projet est encore loin d'être une révolution. Accusé en 2015 par la Commission européenne d'abus de position dominante, en favorisant les résultats de ses propres comparateurs au sein de son moteur de recherche général, le géant américain pourrait par ailleurs être contraint de revoir son mode de fonctionnement dans les prochains mois.

Lancé en 2005, le site allemand Trivago est désormais le plus grand comparateur d'hôtels au monde : il permet aux utilisateurs de confronter les offres de 700 000 hôtels sur plus de 270 sites de réservations en ligne. Le géant concentre 140 millions d'avis d'agences de voyages en ligne et de sites de professionnels hôteliers eux-mêmes. Depuis 2013, le groupe Expedia est devenu actionnaire majoritaire de la société, qui maintient ses marges de progression, mais sur un marché aujourd'hui mature et en croissance ralentie.

LE RETOUR À DES CIRCUITS COURTS

Face à la toute-puissance de ces intermédiaires, les professionnels de l'hôtellerie tentent aujourd'hui de s'organiser.

- En France, l'association Réservation en Direct a lancé en 2013 la plateforme de Fairbooking pour « stopper la spirale infernale dans laquelle nous entraînent les grandes centrales de réservation en ligne » (Souto (Eva), « FairBooking, la plateforme des hôtels français décolle-t-elle ? »). Le mode de fonctionnement est simple et inspiré des groupements d'agriculteurs pour favoriser les circuits courts : en rétablissant un contact direct entre les clients et les établissements, le site propose des avantages concrets aux touristes (- 10 % sur le prix de la chambre, surclassement dans une meilleure chambre si disponible, ou un petit-déjeuner gratuit), tout en garantissant à l'hôtelier la perception de la totalité de la somme versée par le client. La relation entre client et professionnel du secteur touristique est également privilégiée car, sans l'intermédiaire d'une centrale de réservation impersonnelle, il est possible d'aménager un séjour personnalisé répondant entièrement aux attentes du voyageur. À l'été 2014, l'initiative avait déjà séduit plus de 2 000 établissements et 20 000 utilisateurs. La communauté espère maintenant que l'initiative s'étendra à d'autres pays.
- L'année 2015 voit également le lancement de Bookbedder en Suisse, plateforme basée à l'école hôtelière de Lausanne, qui parvient à réduire fortement les commissions facturées sur les réservations en faisant l'économie des coûts marketing, la communauté fonctionnant grâce au réseau des professionnels et utilisateurs.

VERS PLUS DE RÉGULATION

La plateforme de location entre particuliers Airbnb continue de grandir : selon *The Wall Street Journal*, la startup devrait bénéficier bientôt d'une nouvelle levée de fonds de près d'un milliard de dollars, portant ainsi la valeur de l'entreprise à 24 milliards de dollars, soit deux fois plus que le groupe Accor. Et les autorités commencent à y regarder de plus près. Depuis mai 2011, il est illégal de sous-louer son logement pour une durée de moins de 30 jours à New York, sauf si le propriétaire est également présent dans les lieux. Une grande partie des annonces recensées sur le site Airbnb seraient donc illégales, et la startup a été sommée par le procureur de la ville de New York de fournir le listing des personnes ayant loué leur domicile depuis 2010.

En France, la sous-location sans accord du propriétaire est interdite, et les revenus issus de cette pratique doivent être déclarés auprès de l'administration fiscale. Mais au-delà des infractions, c'est la déstabilisation du marché immobilier qui inquiète principalement la mairie de Paris : dans les quartiers très touristiques du Marais ou de Montmartre, des rues entières se vident de leurs habitants au profit des locations de très courtes durées. Le système accentue par ailleurs la flambée des prix des logements, en offrant une perspective de revenus complémentaires aux heureux propriétaires.

Maurice Lévy, le patron de Publicis, parlait en 2014 dans le *Financial Times* de « l'ubérisation » de l'économie : « C'est l'idée qu'on se réveille soudainement en découvrant que son métier traditionnel a disparu. » (DEDIEU (Franck) et MATHIEU (Béatrice), « Uber, Airbnb, BlaBlaCar... L'invasion des barbares ») Créée en mars 2009 à San Francisco, la société Uber a conquis en 6 ans 8 millions d'utilisateurs dans près de 250 villes. En mettant en relation, via ses applications, des utilisateurs à la recherche d'un véhicule et des conducteurs privés, elle génère, en 2015, un million de courses chaque jour. La startup remet en question le secteur cadenassé et très réglementé des taxis, et déclenche une série de batailles juridiques pour endiguer le phénomène : la justice californienne pourrait obliger prochainement l'entreprise à donner aux chauffeurs le statut d'employé et les avantages qui en découlent, la cour d'appel de Paris se prononcera quant à elle avant la fin de l'année sur l'interdiction du service en France, tandis que l'Italie et une partie de la Suisse viennent de l'annoncer sur leur territoire.

EN RÉSUMÉ

- Les années 2000 sont marquées par l'avènement du Web 2.0, social et participatif. Le secteur du tourisme, très lucratif et en croissance constante, est à l'époque l'un des premiers à se dématérialiser avec la création d'agences et de distributeurs en ligne.

- Stephen Kaufer et son épouse entrevoient les mutations qui s'opèrent, et ont l'idée d'un site internet qui rassemblerait les avis éclairés et objectifs des consommateurs pour aider les voyageurs à organiser leurs séjours futurs.

- En quelques années, TripAdvisor met en place un business model innovant et ultra-performant : en proposant un contenu gratuitement créé par la communauté des voyageurs et des annonceurs, il génère un trafic record et hautement rentable via la publicité.

- Aujourd'hui considérée comme la plus grande communauté de voyageurs au monde, la plateforme fait partie des quelques géants de l'e-tourisme qui, avec l'acquisition de nombreux concurrents et services complémentaires, font la pluie et le beau temps dans le secteur du tourisme.

- Manque de fiabilité et de transparence des évaluations publiées, entraves à la concurrence, abus de position dominante sont autant de plaintes formulées par les syndicats du secteur du tourisme, les gouvernements et les utilisateurs. En outre, des études menées en 2013 et 2014 commencent à remettre en question le mode de fonctionnement des principaux acteurs du secteur, dont TripAdvisor, qui a notamment déjà fait l'objet d'une condamnation en 2011.

- Alors que la dématérialisation aurait pu favoriser une simplification et un raccourcissement des circuits entre les producteurs et les consommateurs, les professionnels du tourisme se trouvent aujourd'hui face à des intermédiaires tout-puissants qui dictent les règles du marché, cassent les prix et influencent fortement l'économie réelle du secteur.

- De nouvelles initiatives émergent pour tenter de réimplanter des circuits courts et des modes de consommation plus équitables et durables, favorisant la relation directe avec son client, ou directement entre particuliers. Phénomènes planétaires controversés ou démarches locales et isolées, ils pourraient à terme inciter TripAdvisor et ses concurrents à remettre en question leur mode de fonctionnement, notamment grâce au soutien des autorités européennes de la concurrence et à la publication de nouvelles normes de qualité en la matière.

POUR ALLER PLUS LOIN

SOURCES BIBLIOGRAPHIQUES

- BERGE (Frédéric), « Hôtellerie en ligne : le groupe Expedia assigné en justice (MAJ) », in *01net.com*, novembre 2013, consulté le 5 mai 2015.
  http://www.01net.com/editorial/608098/hotels-en-ligne-le-site-de-reservation-expedia-assigne-en-justice/
- BOKOBZA (Christine), « Airbnb ou l'illusion du partage » in *Les Echos.fr*, mars 2015, consulté le 22 juin 2015.
  http://www.lesechos.fr/idees-debats/cercle/cercle-128309-airbnb-ou-lillusion-du-partage-1103878.php
- BOURVEN (Morgan), « Hôtel en ligne, le groupe Expedia condamné », in *Que choisir*, octobre 2011, consulté le 5 mai 2015.
  http://www.quechoisir.org/loisirs-tourisme/prestations-touristiques/actualite-hotel-en-ligne-le-groupe-expedia-condamne
- BUSSANG (Jeff), « Scaling is Hard. Case Study: TripAdvisor », in *Inc.*, août 2012, consulté le 30 avril 2015.
  http://www.inc.com/jeff-bussgang/scaling-is-hard-case-study-tripadvisor.html
- COCOTAS (Alex), « How $3 Billion TripAdvisor's Business Works », in *Business Insider*, décembre 2011, consulté le 30 avril 2015.
  http://www.businessinsider.com/how-tripadvisors-business-works-2011-12?IR=T
- DEDIEU (Franck) et MATHIEU (Béatrice), « Uber, Airbnb, BlaBlaCar... L'invasion des barbares », in *L'Express.fr*, juin 2015, consulté le 14 juin 2015.
  http://lexpansion.lexpress.fr/actualite-economique/uber-airbnb-blablacar-l-invasion-des-barbares_1683952.html

- Denisselle (Guilain), « Après des années d'accélération, 2015 année de satellisation », in *TendanceHotellerie.fr*, janvier 2015, consulté le 12 mai 2015.
  http://www.tendancehotellerie.fr/articles-breves/marketing-distribution/4463-article/apres-des-annees-d-acceleration-2015-annee-de-satellisatio
- Denisselle (Guilain), « Booking.com devient le n° 1 des sites d'avis clients d'hôtels, avec des vrais avis de vrais clients », in *TendanceHotellerie.fr*, février 2015, consulté le 8 mai 2015.
  http://www.tendancehotellerie.fr/articles-breves/marketing-distribution/4536-article/booking-com-devient-le-no-1-des-sites-d-avis-clients-d-hotels-avec-des-vrais-avis-de-vrais-clients
- Fauconnier (Flore), « LaFourchette devient le pôle restauration mondial de TripAdvisor », in *Journal du Net*, juin 2014, consulté le 3 mai 2015.
  http://www.journaldunet.com/ebusiness/tourisme/bertrand-jelensperger-bertrand-jelensperger-lafourchette.shtml
- Garoscio (Paolo), « Tourisme : la Justice italienne s'intéresse aux vrais faux commentaires de Tripadvisor », in *Économie Matin*, août 2014, consulté le 19 juin 2015.
  http://www.economiematin.fr/news-tripadvisor-faux-avis-plainte-hotels-italie
- « Gartner Says By 2014, 10-15 Percent of Social Media Reviews to Be Fake, Paid for By Companies », in *Gartner.com*, septembre 2012, consulté le 15 juin 2015.
  http://www.gartner.com/newsroom/id/2161315
- Gas (Valérie), « La reprise est en vue », in *RFI*, mars 2002, consulté le 17 juin 2015.
  http://www1.rfi.fr/actufr/articles/027/article_13535.asp
- Gavois (Sébastien), « La DGCCRF enquête sur les faux avis de consommateurs sur internet », in *Nextinpact*, juillet 2014, consulté le 5 mai 2015.

http://www.nextinpact.com/news/88936-la-dgccrf-enquete-sur-faux-avis-consommateurs-sur-internet.htm
- GAZZANE (Hayat), « La Californie s'attaque au modèle économique d'Uber », in *Le Figaro.fr*, juin 2015, consulté le 22 juin 2015. http://www.lefigaro.fr/secteur/high-tech/2015/06/18/32001-20150618ARTFIG00136-la-californie-s-attaque-au-modele-economique-d-uber.php
- GOUDET (Jean-Luc), « La Rome antique en 3D dans Google Earth », in *Futura Sciences*, novembre 2008, consulté le 2 mai 2015. http://www.futura-sciences.com/magazines/high-tech/infos/actu/d/internet-rome-antique-3d-google-earth-17368/
- GOURDON (Jessica), « Bras de fer entre Airbnb et la justice à New York » in *L'Express.fr*, octobre 2013, consulté le 22 juin 2015. http://lentreprise.lexpress.fr/gestion-fiscalite/bras-de-fer-entre-airbnb-et-la-justice-a-new-york_1521330.html
- HERMANN (Vincent), « Bruxelles somme Google de s'expliquer sur ses abus de position dominante », in *Nextinpact*, avril 2015, consulté le 8 mai 2015. http://www.nextinpact.com/news/93836-bruxelles-somme-google-s-expliquer-sur-ses-abus-position-dominante.htm
- « Les pratiques d'Expedia condamnées par la justice », in *L'Express.fr*, octobre 2011, consulté le 19 juin 2015. http://lexpansion.lexpress.fr/high-tech/les-pratiques-d-expedia-condamnees-par-la-justice_1373770.html
- JALADIS (Stéphane), « Le e-tourisme génère 4 % de ventes en plus au premier trimestre 2013 », in *Tourhebdo*, mai 2013, consulté le 17 juin 2015. http://www.tourhebdo.com/actualites/detail/65831/le-e-tourisme-genere-4-de-ventes-en-plus-au-premier-trimestre-2013.html
- KAUFER (Stephen), « An Average Traveler », in *New York Times*, février 2013, consulté le 17 juin 2015. http://www.nytimes.com/2013/02/24/jobs/stephen-kaufer-of-tripadvisor-is-an-average-traveler.html?_r=0

- Kitching (Chris), « 46 Countries, 3 350 Write-ups… and 40 000 Pictures: Meet TripAdvisor's Most Prolific Reviewer (Whose Worst Experience Was "a Very Bad Milkshake" in New Zealand) », in *Mail Online*, avril 2015, consulté le 3 mai 2015. http://www.dailymail.co.uk/travel/travel_news/article-3047147/Brad-Reynolds-TripAdvisor-s-prolific-user-3-350-reviews-counting.html
- Khlat (Mathilde), « E-reputation : "Un avis négatif, c'est 10 000 euros de perte de chiffres d'affaires" », in *i-tourisme*, février 2015, consulté le 5 mai 2015. http://www.tourmag.com/E-reputation-Un-avis-negatif-c-est-10-000-euros-de-perte-de-chiffres-d-affaires_a72118.html
- Laine (Linda), « Pourquoi Airbnb se contente de la vente directe », in *L'Écho touristique*, avril 2015, consulté le 5 mai 2015. http://www.lechotouristique.com/article/pourquoi-airbnb-se-contente-de-la-vente-directe,74075
- Le Gall (Anne-Laure), « Stephen Kaufer, son guide compte 2 milliards d'utilisateurs », in *Paris Match*, juin 2014, consulté le 2 mai 2015. http://www.parismatch.com/Vivre/Voyage/Stephen-Kaufer-son-guide-compte-2-milliards-d-utilisateurs-569874
- Lomig (Guillo), « TripAdvisor : chaque avis lui rapporte 14 euros », in *Capital.fr*, avril 2014, consulté le 16 juin 2015. http://www.capital.fr/enquetes/strategie/tripadvisor-chaque-avis-lui-rapporte-14-euros-925205
- Mommens (Françoise), « Quand le tourisme marie la technologie, le bébé s'appelle géo-services », in *Réseau Veille Tourisme*, novembre 2005, consulté le 1er mai 2015. http://veilletourisme.ca/2005/11/11/quand-le-tourisme-marie-la-technologie-le-bebe-sappelle-geo-services/
- Palierse (Christophe), « L'Américain Tripadvisor élargit son horizon dans la réservation en ligne », in *Les Echos.fr*, 2015, consulté le 21 juin 2015.

http://www.lesechos.fr/17/12/2014/lesechos.fr/0204024819355_l-americain-tripadvisor-elargit-son-horizon-dans-la-reservation-en-ligne.htm

- PARMENTIER (Sophie), « Le phénomène Greeters », in *Ethno-Tendances*, septembre 2013, consulté le 5 mai 2015.
  http://www.ethno-tendances.com/voyage/le-phenomene-greeters/

- POMMIER (Sébastien), « Airbnb, l'entreprise qui valait 24 milliards de dollars », in *L'Expansion*, juin 2015, consulté le 22 juin 2015.
  http://lexpansion.lexpress.fr/entreprises/airbnb-l-entreprise-qui-valait-24-milliards-de-dollars_1691479.html

- RACINE (Amélie), « E-tourisme et technologie. Innovation, collaboration et interaction (récapitulatif 2000-2010) », in *Réseau Veille Tourisme*, décembre 2010, consulté le 30 avril 2015.
  http://veilletourisme.ca/2010/12/15/e-tourisme-et-technologie-innovation-collaboration-et-interaction-recapitulatif-2000-2010/

- SOUTO (Eva), « FairBooking, la plateforme des hôtels français décolle-t-elle ? », in *consoGlobe*, juillet 2014, consulté le 10 mai 2015.
  http://www.consoglobe.com/fairbooking-resultats-cg/2

- TRIPADVISOR. Résultats publiés, informations légales et communiqués de presse.
  http://www.tripadvisor.fr/PressCenter-c6-About_Us.html

- TSAGLIOTIS (Adrien), « TripAdvisor a apporté plus de transparence à l'industrie du voyage », in *Journal du Net*, juillet 2013, consulté le 2 mai 2015.
  http://www.journaldunet.com/ebusiness/commerce/stephen-kaufer-stephen-kaufer-tripadvisor.shtml

- VISSEYRIAS (Mathilde), « Accor porte plainte contre Booking », in *Le Figaro.fr*, février 2015, consulté le 9 mai 2015.
  http://www.lefigaro.fr/societes/2015/02/23/20005-20150223ARTFIG00339-accor-porte-plainte-contre-booking.php

SOURCES COMPLÉMENTAIRES

- Site de TripAdvisor (FR).
  https://www.tripadvisor.fr
- Site de l'UNWTO (FR).
  http://www2.unwto.org/fr
- Site de l'ITU (EN).
  http://www.itu.int/en/Pages/default.aspx
- Site de Booking (FR).
  http://www.booking.com/

50MINUTES
Art & Littérature
Business & Economics
Histoire & Société

www.50minutes.com

Éditeur responsable : Lemaitre Publishing
Rue Lemaitre 6 | BE-5000 Namur
info@lemaitre-editions.com

ISBN ebook : 978-2-8062-6464-0
ISBN papier : 978-2-8062-6465-7
Dépôt légal : D/2015/12603/212
Photo de couverture : © pic3d - Fotolia.com

Conception numérique : Primento,
le partenaire numérique des éditeurs